Trading Institucional

Ricardo Moreno

Página de Derechos de Autor

Editora: Flamenco
Año de Lanzamiento 2025

Indice

La Mente del Trader Institucional 7
Infraestructura Profesional de Trading 13
Modelos de Trading Rentables y Escalables 21
Regulación y Legalidad del Trading Institucional 28
Selección de Traders 35
Entrenar para Ganar 42
Cultura de Alto Rendimiento en el Equipo 50
Roles Clave Dentro del Equipo de Trading 57
Escalar tu Operación 64
Fundar tu Propia Agencia de Trading 71
Captar y Formar Nuevos Traders para tu Agencia 79
Monetizar el Talento 87
Marketing para Agencias de Trading 95
Crear una Marca Respetada en la Industria 103
Automatización y Tecnología para Escalar sin Límites 111
Tu Legado como Líder del Trading Institucional 120

La Mente del Trader Institucional

La mayoría de los traders comienzan creyendo que el trading es solo una cuestión de técnica: encontrar la estrategia correcta, seguir unas cuantas reglas y hacer dinero. Pero quienes logran operar como verdaderos profesionales entienden que el éxito no está solo en lo que haces, sino en cómo piensas. La mente del trader institucional funciona de una forma completamente distinta a la del trader principiante o incluso al de nivel intermedio. No se trata simplemente de operar, sino de operar con visión empresarial, con estructura, con calma, con control absoluto sobre sus emociones y con una claridad estratégica que no se tambalea con el mercado.

Un trader institucional no se deja llevar por impulsos. Sabe que cada decisión tiene consecuencias. No está pensando en hacerse rico mañana, ni en duplicar la cuenta esta semana, ni en adivinar la próxima gran subida. Piensa como un cirujano. Analiza, espera, ejecuta y repite. Para él, cada operación es una parte más del proceso, no un boleto de lotería. Su foco no está en la ganancia inmediata, sino en la consistencia a largo plazo. Su objetivo no es solo ganar dinero, sino hacerlo de forma sostenible, replicable y estructurada.

Este tipo de trader entiende que el mercado es impredecible, pero también sabe que él puede ser predecible consigo mismo. Trabaja para dominar su comportamiento, no el mercado. Sabe que la clave del éxito está en controlar su mente, sus emociones y sus impulsos. Mientras la mayoría se estresa cuando el precio va en su contra, él respira y sigue su plan. Mientras otros se emocionan cuando ganan, él evalúa si lo que hizo fue correcto o simplemente tuvo suerte. Está constantemente juzgando sus decisiones, no por el resultado, sino por la calidad del proceso que siguió.

Una mente institucional no reacciona al mercado, responde con inteligencia. Sabe que hay días para operar y días para esperar. No siente ansiedad si no entra en una operación. Tiene paciencia porque ha entendido que el dinero está en la espera, en la precisión, en la calidad y no en la cantidad de operaciones. Muchos traders fracasan porque buscan acción constante. Operan por aburrimiento, por ansiedad, por miedo a perderse algo. El trader institucional opera solo cuando tiene una razón objetiva para hacerlo.

Otro aspecto crucial es que el trader institucional no está obsesionado con tener razón. Para él, estar equivocado es parte del juego. Lo importante no es acertar siempre, sino gestionar bien el error. Pierde con elegancia, sabiendo que una pérdida controlada no es una amenaza, sino un costo operativo. No persigue al mercado, no se venga de él, no entra por frustración. Cuando pierde, evalúa y aprende. Cuando gana, evalúa y refuerza lo correcto. Su aprendizaje es constante, no solo cuando algo sale mal.

El trader institucional también piensa en equipo, incluso si al principio opera solo. Sabe que el éxito en grande no es solitario. Piensa en procesos, en sistemas, en cómo escalar lo que hace. No quiere ser solo un buen trader; quiere construir una estructura que pueda funcionar con o sin él al mando. Esto lo obliga a pensar con mentalidad de líder. Se exige a sí mismo estándares más altos. No se permite improvisar. Tiene rutinas claras, horas de análisis, momentos definidos para operar y tiempos para revisar sus errores.

A nivel emocional, el trader institucional trabaja en su madurez. No busca emociones fuertes. No quiere adrenalina. De hecho, muchas veces sus días son aburridos, monótonos y disciplinados. Eso es lo que lo hace profesional. Mientras otros necesitan emoción para sentirse vivos en el trading, él busca estabilidad. Sabe que las emociones exageradas son peligrosas, tanto la euforia como la desesperación. Ha entendido que la paz interior es una ventaja competitiva.

Finalmente, la mente del trader institucional no depende de la motivación. Depende de la disciplina. No necesita estar inspirado para hacer lo que tiene que hacer. Tiene sistemas que lo guían. Ha convertido sus hábitos en su escudo. Se levanta, analiza, revisa, opera si hay que operar, registra todo, corrige lo que debe corregir y sigue adelante. No dramatiza. No posterga. No inventa excusas. Tiene claro que el trading es un negocio serio, no un juego, y actúa en consecuencia.

Cuando logras pensar así, te transformas. Ya no eres un operador más. Eres un profesional que se acerca al mercado con el respeto, la frialdad y la estrategia de alguien que entiende que este negocio no se trata de ganarle al mercado, sino de ganarte a ti mismo todos los días. Y cuando eso ocurre, lo que construyes deja de depender de la suerte y empieza a depender de tu carácter. Esa es la verdadera mente del trader institucional.

Infraestructura Profesional de Trading

Si quieres operar como un trader institucional, no puedes depender de una laptop vieja y una conexión de Wi-Fi inestable en el café de la esquina. Este no es un hobby. Es un negocio, y como todo negocio serio, necesita infraestructura profesional. En el mundo del trading, la infraestructura es lo que separa a los que juegan de los que ganan. Tener las herramientas correctas no solo mejora tus resultados, sino que también te permite tomar decisiones con rapidez, precisión y confianza. No puedes permitirte operar con incertidumbre técnica. Cada segundo cuenta, cada clic importa, y cada error puede costarte dinero.

Todo empieza por el equipo físico. La mayoría de los traders institucionales trabajan con computadoras potentes. Esto no significa que necesitas un superordenador, pero sí una máquina rápida, con buen procesador, bastante memoria RAM (mínimo 16GB), y, de ser posible, más de una pantalla. La razón de tener varias pantallas no es por lujo ni por apariencia, sino porque necesitas visualizar múltiples gráficos, plataformas, noticias, datos económicos y herramientas al mismo tiempo. Tener todo en una sola pantalla te obliga a cambiar de ventanas constantemente, lo que reduce tu velocidad de reacción. Y en trading, velocidad es dinero.

La conexión a internet también es fundamental. Necesitas una conexión por cable, no Wi-Fi, preferiblemente con alta velocidad y baja latencia. Esto significa que tus órdenes se ejecutarán de manera más rápida y confiable. Un retraso de medio segundo puede marcar la diferencia entre ganar o perder en ciertos momentos. Muchos traders avanzados incluso contratan conexiones secundarias como respaldo o usan servidores VPS (servidores virtuales privados) ubicados cerca del servidor del broker para minimizar aún más la latencia. Esto es especialmente útil si trabajas con sistemas automatizados o trading algorítmico.

Después viene la plataforma de trading. No todas son iguales. Algunos brokers ofrecen plataformas básicas, mientras que otros tienen plataformas profesionales con funciones avanzadas. Necesitas una plataforma que sea estable, personalizable, con buena ejecución de órdenes, gráficos en tiempo real y herramientas de análisis técnico. Algunas de las más populares en el mundo institucional son MetaTrader 5, NinjaTrader, TradingView (para análisis), o plataformas propietarias de brokers institucionales como Interactive Brokers, Thinkorswim o cTrader. La clave es que te sientas cómodo usándola, que sea eficiente, y que te permita operar sin errores técnicos.

En paralelo, debes contar con una fuente de datos financieros confiable. Muchos traders principiantes usan datos gratuitos, pero estos suelen tener retrasos o menor calidad. A nivel institucional, se usan servicios como Bloomberg Terminal, Reuters, o feeds premium de datos de mercado en tiempo real. Esto es especialmente importante si operas con activos donde los cambios de precio son rápidos y cualquier ventaja de información puede marcar la diferencia. Tener datos en tiempo real, sin retrasos ni errores, te da una ventaja enorme frente a quien está operando "a ciegas" o con información vieja.

También debes contar con herramientas de análisis que vayan más allá del gráfico básico. Esto incluye software de backtesting para probar estrategias históricamente, programas de estadísticas para evaluar tu rendimiento, e incluso hojas de cálculo o sistemas personalizados para registrar todas tus operaciones y métricas clave. No puedes mejorar lo que no mides. Un trader institucional tiene sus números claros: ratio de ganancia, drawdown máximo, porcentaje de aciertos, promedio de ganancia por operación, y más. Todo eso se monitorea y se analiza. Es una cultura de datos.

A medida que tu operación crece, también necesitas proteger tu información. Seguridad cibernética no es un tema opcional. Tener contraseñas seguras, autenticación de dos pasos, respaldo constante de tus datos y sistemas de recuperación en caso de fallos técnicos es parte del trabajo. El peor momento para darte cuenta de que no hiciste copias de seguridad es cuando tu computadora colapsa en medio de una operación abierta. Los profesionales previenen, no improvisan.

Otro componente esencial es el broker. Aquí es donde muchos fallan. No todos los brokers son iguales. Un trader institucional no opera con brokers poco conocidos, sin regulación o con spreads gigantescos. Necesitas un broker confiable, regulado, con buena ejecución, baja latencia, acceso directo al mercado y comisiones competitivas. A veces, pagar una pequeña comisión es mejor si eso significa mejor ejecución y mayor transparencia. Muchos traders avanzados incluso trabajan con brokers ECN, que les conectan directamente con proveedores de liquidez, eliminando intermediarios.

Además de lo técnico, existe una parte menos visible pero igual de importante: el entorno. No puedes operar desde el caos. Necesitas un espacio de trabajo ordenado, silencioso, cómodo, donde puedas concentrarte. Esto puede parecer menor, pero tu ambiente influye directamente en tu rendimiento mental. Una silla cómoda, buena iluminación, aire limpio y la ausencia de distracciones marcan la diferencia entre operar con claridad o cometer errores por estrés o fatiga. El trading institucional es una actividad mental intensa, y necesitas estar física y mentalmente preparado.

Por último, debes tener acceso a información que no sea solo técnica. Muchos traders profesionales tienen servicios de noticias financieras en tiempo real, alertas económicas, e incluso asesores que les ayudan a interpretar ciertos eventos del mercado. La información vale oro. No para adivinar el futuro, sino para entender el contexto. Saber qué eventos están ocurriendo, cómo pueden afectar a los activos que operas, y cómo anticipar ciertos movimientos grandes, es parte del trabajo. No se trata solo de ver velas en un gráfico; se trata de ver el panorama completo.

Toda esta infraestructura no se construye de un día para otro, pero es importante saber hacia dónde vas. Cada componente que sumes debe acercarte a una operación más profesional, más precisa y más rentable. No necesitas gastar miles de dólares desde el primer día, pero sí debes tener un plan claro de evolución. Pregúntate: ¿qué necesito para operar mejor?, ¿qué parte de mi sistema técnico es débil?, ¿qué debo mejorar ahora y qué puedo escalar más adelante? Eso es pensar como un trader institucional. Esa es la mentalidad que te prepara no solo para operar bien, sino para construir un verdadero negocio de trading. Uno sólido, profesional y listo para crecer.

Modelos de Trading Rentables y Escalables

Un trader profesional no solo piensa en cómo ganar dinero hoy, también piensa en cómo hacer que su modelo de trading sea rentable y escalable en el tiempo. Esto significa que no se conforma con operar bien unas semanas, sino que busca crear un sistema que pueda crecer, multiplicarse, automatizarse o incluso enseñarse a otros para generar ingresos pasivos. No basta con saber entrar y salir del mercado, hay que construir modelos de trading que funcionen como una empresa. Que tengan estructura, repetibilidad, control del riesgo, y sobre todo, que no dependan únicamente del estado de ánimo del trader o de tener suerte en el momento correcto.

Para empezar, hay que entender qué hace que un modelo de trading sea rentable. Rentabilidad no significa solo ganar mucho dinero, significa ganar de forma consistente. Un modelo rentable tiene una estrategia clara, reglas definidas, un enfoque lógico, y sobre todo, una gestión de riesgo estricta. Si tu modelo puede sobrevivir a meses difíciles, mantenerse estable durante distintas condiciones del mercado y seguir produciendo ganancias en el largo plazo, entonces es un modelo rentable. No importa si haces diez operaciones al mes o cien, si tus resultados son positivos, estables y repetibles, vas por buen camino.

Pero la rentabilidad no lo es todo. Si tu modelo solo funciona cuando tú estás al frente, si necesitas estar ocho horas al día observando el mercado, si todo depende de tu energía, tu humor y tu disponibilidad, entonces ese modelo no es escalable. Para escalar un modelo de trading necesitas que funcione sin ti o con menos intervención tuya. Esto se logra de distintas formas: automatizando partes del proceso, creando un equipo que opere tu estrategia, o enseñando tu sistema a otros para que lo ejecuten a cambio de una comisión o beneficio compartido.

Uno de los modelos más comunes y escalables es el trading algorítmico. Aquí diseñas una estrategia clara y la programas en un sistema que ejecuta las operaciones automáticamente. No necesita emociones, no se distrae, y puede operar incluso mientras duermes. Este modelo requiere conocimientos técnicos y pruebas extensas, pero una vez que funciona, es altamente escalable. Puedes correrlo en varios instrumentos, con distintas cuentas, en distintos horarios. Incluso puedes vender el algoritmo o cobrar por su uso. Es un modelo que no solo genera ingresos, también te libera tiempo.

Otro modelo escalable es el de crear una sala de trading. Esto consiste en reunir a varios traders que operan bajo una misma estrategia, con supervisión y disciplina. Tú puedes ser el líder, el creador del sistema, y los demás lo ejecutan. Tú ganas una parte de lo que ellos generan o cobras por formar parte del equipo. Si tu estrategia es buena y tienes habilidad para enseñar, este modelo puede crecer rápido. Además, te permite diversificar tu riesgo: ya no dependes solo de tu cuenta, sino del rendimiento colectivo.

También puedes convertir tu modelo en un sistema de formación. Si tu estrategia funciona y tienes resultados comprobables, puedes enseñar a otros a replicarla. Cursos, mentorías, membresías, academias online. Esto no solo te genera ingresos paralelos, también te obliga a profesionalizar tu sistema. Nadie paga por aprender algo desordenado. Si tu modelo es claro, medible, y puede enseñarse paso a paso, entonces tienes una mina de oro en tus manos. Lo mejor es que puedes escalarlo sin límites: un video puede enseñarse miles de veces sin que tengas que repetir nada.

Algunos traders también escalan su modelo convirtiéndose en gestores de capital. Esto significa que otros te dan su dinero para que lo operes bajo tu sistema. Tú cobras una comisión por el rendimiento o una cuota fija por la gestión. Aquí la clave es la confianza y los resultados. Nadie entrega su dinero a cualquiera. Pero si logras construir un historial sólido, transparente y profesional, este modelo puede llevarte a manejar grandes volúmenes de dinero sin tener que arriesgar solo tu propio capital. Es escalable porque puedes tener muchos inversores siguiendo una sola estrategia centralizada.

Ahora bien, para que cualquiera de estos modelos funcione, tu estrategia debe cumplir con algunos requisitos. Primero, debe ser simple. Las estrategias complejas suelen fallar cuando cambian las condiciones del mercado. Segundo, debe ser medible. Necesitas saber cuánto gana en promedio, cuánto pierde, qué porcentaje de aciertos tiene, qué tanto puede caer en su peor momento. Sin estos datos, no puedes proyectar, escalar ni mejorar. Tercero, debe poder replicarse. Si solo tú puedes ejecutarla, entonces estás limitado. Una buena estrategia puede enseñarse, automatizarse o guiar a otros con claridad.

También es importante que tu modelo tenga un proceso de revisión constante. Los mercados cambian, y los modelos también deben ajustarse. Un trader institucional no se casa con una idea fija. Tiene reuniones semanales para revisar resultados, ajustar parámetros, identificar errores y optimizar el sistema. Esta cultura de mejora continua es lo que permite que el modelo se mantenga rentable y crezca con el tiempo. Un sistema estancado está condenado a morir. Un modelo vivo, flexible y adaptable tiene futuro.

Un error común es pensar que escalar es solo duplicar el capital. No es así. Escalar es multiplicar el alcance de tu modelo. Puedes escalar en capital, pero también en personal, en tecnología, en impacto. Puedes operar con más cuentas, en más mercados, con más personas, en más horarios. Lo importante es que el modelo se mantenga firme en su esencia: rentable, controlado, con lógica detrás. No sirve de nada crecer si no puedes sostener el crecimiento.

En resumen, un modelo de trading rentable y escalable es aquel que genera ganancias consistentes y puede crecer sin depender exclusivamente de ti. Ya sea mediante automatización, trabajo en equipo, formación o gestión de capital, lo importante es construir algo que tenga estructura y visión de futuro. Si logras eso, entonces no solo serás un trader exitoso, sino el creador de una verdadera máquina de producir dinero. Una máquina que puede funcionar sin importar si tú estás o no frente a la pantalla. Esa es la meta de todo trader institucional: dejar de ser operador y convertirse en constructor de sistemas que funcionan, crecen y cambian vidas.

Regulación y Legalidad del Trading Institucional

Cuando empiezas a operar como trader independiente, es fácil pasar por alto el tema legal. Abres una cuenta, haces algunas operaciones, ganas o pierdes dinero y sigues adelante sin pensar demasiado en la parte formal. Pero cuando decides crecer y moverte hacia el mundo del trading institucional, la historia cambia por completo. Aquí ya no se trata solo de ti y tu cuenta personal. Se trata de manejar dinero de terceros, formar un equipo, posiblemente abrir una empresa y operar con la seriedad que el sistema financiero requiere. Y en ese momento, entender la regulación y la legalidad se vuelve obligatorio, no opcional.

El primer paso es entender que cada país tiene sus propias leyes sobre trading, inversión y manejo de capital. No puedes simplemente aceptar dinero de otras personas para operarlo y quedarte con una parte de la ganancia sin estar regulado. Hacer eso sin licencias puede traerte problemas graves: desde multas hasta sanciones penales. Por eso, si tu modelo de negocio incluye gestionar fondos de terceros o enseñar trading a gran escala, necesitas saber qué regulaciones aplican en tu país y cómo cumplirlas.

En la mayoría de países, si manejas dinero de otros, necesitas registrarte como asesor financiero o gestor de inversiones ante el ente regulador correspondiente. Por ejemplo, en Estados Unidos está la SEC (Securities and Exchange Commission) y la FINRA. En Europa hay diferentes reguladores por país, como la CNMV en España, la BaFin en Alemania o la FCA en Reino Unido. En América Latina también existen organismos similares: la Comisión Nacional Bancaria y de Valores en México, la Superintendencia del Mercado de Valores en Perú, la CVM en Brasil, entre otras. Si no estás regulado, no puedes ofrecer servicios de inversión de forma legal, y mucho menos hacer publicidad sobre ello.

Ahora bien, ¿necesitas una licencia si solo operas tu propio capital? No, en la mayoría de los casos no. Si tú solo estás operando tu dinero, no hay un problema legal. Pero el momento en que empiezas a manejar dinero de familiares, amigos o inversionistas externos, o cuando decides crear una agencia o una empresa de trading, la historia cambia. Aunque muchas personas operan fondos de otros sin licencias, eso no significa que esté permitido ni que sea inteligente hacerlo. Estás construyendo un negocio, y un negocio serio se construye con reglas claras desde el inicio.

Una alternativa legal común es establecer una empresa formal. Puedes crear una sociedad legalmente constituida, registrar tu actividad como negocio de inversión, y contratar a un abogado que te ayude con el marco jurídico adecuado. Esto te permitirá facturar servicios, firmar contratos de gestión, y sobre todo, protegerte legalmente. Muchos traders crean estructuras legales como sociedades de responsabilidad limitada o corporaciones para separar su patrimonio personal del empresarial. Esto también les permite operar con más confianza y transparencia frente a sus clientes.

Otra opción es asociarte con una empresa regulada. En vez de crear todo desde cero, puedes buscar trabajar bajo el paraguas legal de una firma que ya cuente con licencias. Por ejemplo, algunas empresas de prop trading o de gestión de activos permiten que traders independientes operen bajo su supervisión, respetando sus políticas internas y sus normas de cumplimiento. Esta opción es útil si aún no estás listo para pagar los costos de una regulación completa por tu cuenta, pero quieres operar de forma profesional y legal.

No hay que olvidar el tema fiscal. El dinero que generas con trading, ya sea propio o de terceros, tiene implicaciones impositivas. Tienes que declarar tus ingresos, pagar impuestos correspondientes y llevar una contabilidad ordenada. Muchos traders ignoran esto al principio, pero cuando comienzan a facturar cifras importantes, se dan cuenta de que no tener todo en regla puede convertirse en un gran dolor de cabeza. Lo mejor es trabajar con un contador o asesor fiscal que entienda de trading y te ayude a cumplir con tus obligaciones sin pagar de más ni de menos.

Además, cuando tienes un equipo o formas una agencia, entran en juego leyes laborales, contratos, protección de datos, propiedad intelectual, y muchas otras cosas que pueden parecer ajenas al trading, pero que son parte del ecosistema legal de cualquier empresa. Si vendes cursos o formación, necesitas términos y condiciones, políticas de devolución, y posiblemente registros de propiedad intelectual. Si manejas bases de datos con información de clientes, debes cumplir con leyes de protección de datos como el GDPR en Europa o la Ley de Habeas Data en varios países latinoamericanos. Todo esto es parte de tener una operación institucional real.

Muchos traders cometen el error de pensar que este nivel de formalidad es innecesario o que puede esperar. Pero en realidad, mientras más temprano entiendas las reglas del juego, más rápido podrás crecer sin miedo. Las empresas grandes no temen que los investiguen, porque saben que están haciendo las cosas bien. Eso les da una ventaja. Operar con tranquilidad, saber que tus contratos están bien redactados, que tus clientes están protegidos, que tus ingresos están bien declarados, te permite enfocarte en lo más importante: operar y crecer.

El mundo del trading institucional no es un terreno libre de reglas. Es un negocio financiero, y como tal, está regulado. Entender esto desde el principio te posiciona como un profesional. Te da credibilidad frente a tus clientes, confianza frente a tus socios, y seguridad frente a cualquier auditoría o inspección. Además, cuando llegue el momento de escalar, atraer capital o vender tu empresa, tener todo en orden legalmente será una de tus mayores fortalezas.

En resumen, si quieres construir un negocio serio en el mundo del trading, necesitas entender y respetar la regulación. Ya sea que manejes fondos, enseñes, automatices, formes un equipo o vendas tu sistema, hay leyes que te aplican. No esperes a que tengas un problema para aprenderlas. Infórmate, asesórate y construye tu operación con bases sólidas. La legalidad no es un obstáculo, es un trampolín. Y es una de las principales razones por las que los verdaderos traders institucionales logran diferenciarse del resto y perdurar en el tiempo.

Selección de Traders

Seleccionar traders para tu equipo no es simplemente buscar a personas que sepan apretar botones y leer gráficos. Es una de las decisiones más importantes que vas a tomar si quieres construir un equipo de trading institucional que realmente funcione. Un mal trader puede hacerte perder dinero, tiempo, reputación y energía. En cambio, un buen trader, bien elegido, puede convertirse en uno de los activos más valiosos de tu organización. Por eso, no se trata de llenar sillas, se trata de encontrar a las personas correctas para una misión muy específica: hacer que el dinero trabaje de forma inteligente, metódica y rentable.

Lo primero que debes entender es que no estás buscando genios del mercado. Los genios suelen ser difíciles de manejar, no siguen reglas, se creen por encima del sistema y muchas veces terminan haciendo locuras con el dinero de otros. Tú necesitas personas disciplinadas, pacientes, responsables, y sobre todo, entrenables. El mejor trader institucional no es el más brillante, sino el más consistente. El que puede repetir un modelo sin desviarse, el que se siente cómodo operando bajo presión sin perder la cabeza, y el que entiende que el éxito en este negocio viene más de la repetición y el autocontrol que de la intuición.

Antes de aceptar a alguien en tu equipo, tienes que observar tres grandes áreas: la mentalidad, la habilidad técnica y la capacidad de trabajar en equipo. La mentalidad es lo primero que debes evaluar. ¿Es una persona con control emocional? ¿Es capaz de seguir instrucciones sin discutir cada paso? ¿Sabe perder sin colapsar? ¿Sabe ganar sin volverse arrogante? Esto lo puedes medir en entrevistas, pero también con pequeños desafíos prácticos. Dales un capital ficticio por una semana y observa cómo reaccionan ante una racha negativa. Mira si respetan el plan. Si no pueden respetar un plan de práctica, jamás respetarán uno real.

Luego viene la parte técnica. Aquí no importa si operan acciones, futuros o forex. Lo que importa es que entiendan los fundamentos del análisis que tú utilizas en tu empresa. ¿Usas acción del precio? ¿Estrategias algorítmicas? ¿Modelos estadísticos? No todos los traders son compatibles con todos los estilos. Un trader de scalping puede ser un desastre en un entorno swing o institucional. Por eso es mejor buscar personas con una base sólida pero flexibles en su forma de operar, que puedan adaptarse a tu metodología. Incluso si alguien no tiene mucha experiencia, pero muestra capacidad de aprender rápido y comprender tu sistema, puede ser más valioso que uno con años de experiencia pero que no se adapta.

Muchos traders tienen buenos resultados en su cuenta personal, pero cuando los pones en un entorno estructurado, con reglas claras y capital asignado, fallan. Esto es porque no están acostumbrados a trabajar bajo presión real ni a seguir una metodología externa. Tú no necesitas improvisadores, necesitas operadores sistemáticos. Por eso, una vez que alguien pase los filtros iniciales, es clave hacer pruebas reales. Asígnales una cuenta demo con un sistema predefinido, pídeles que documenten cada operación, y analiza si respetan el proceso. No estás buscando ganadores ocasionales, estás buscando soldados del mercado.

La tercera área es la capacidad de integrarse al equipo. Un trader institucional no trabaja solo. Tiene que coordinarse con otros, comunicar sus decisiones, participar en reuniones de revisión, y estar abierto a recibir retroalimentación. Aquí es donde muchos fallan. Si alguien tiene ego elevado, no acepta críticas, o se encierra en su mundo, va a ser una carga para el equipo. En cambio, alguien que sabe colaborar, compartir ideas y construir junto a otros, va a ayudarte a crear una cultura sólida. No necesitas estrellas, necesitas jugadores de equipo con mentalidad profesional.

En la práctica, puedes diseñar un proceso de selección por etapas. Primero, una entrevista para conocer su motivación y experiencia. Después, una prueba teórica para validar sus conocimientos básicos. Luego, una simulación con cuenta demo durante una o dos semanas, donde se evalúen resultados pero también comportamiento. Finalmente, una integración progresiva al equipo con capital reducido, para ver cómo se desenvuelven en el entorno real. Este proceso puede parecer largo, pero te evitará problemas graves más adelante.

Otro aspecto importante es definir bien lo que estás buscando desde el inicio. ¿Necesitas traders operativos que ejecuten tu sistema? ¿Analistas que desarrollen ideas para el equipo? ¿Mentores para formar a nuevos integrantes? No todas las personas cumplen todos los roles. Si seleccionas bien desde el inicio, tendrás menos rotación, menos frustración, y más resultados.

También es clave establecer un sistema de evaluación continua. No basta con seleccionar bien. Hay que revisar el desempeño regularmente. Puedes tener métricas claras: porcentaje de cumplimiento del plan, consistencia de resultados, nivel de riesgo asumido, aportes al equipo, etc. Esto permite dar retroalimentación constante y mantener la calidad alta. Si alguien baja su nivel, se nota rápido. Si alguien mejora, también. Esto crea una cultura de mejora constante y de responsabilidad individual dentro de un marco colectivo.

Y por último, no olvides algo fundamental: selecciona personas que compartan tu visión. Gente que quiera crecer contigo, que entienda hacia dónde va tu agencia de trading, y que se sienta parte de algo más grande que solo una cuenta. El dinero es importante, claro. Pero si solo contratas personas que están ahí por el dinero, se irán al primer tropiezo. En cambio, si formas un equipo que cree en el proyecto, que valora el aprendizaje, el crecimiento y la construcción conjunta, estarás formando una verdadera organización institucional con futuro.

Seleccionar traders es como elegir los pilares de un edificio. Si eliges bien, tu estructura será fuerte y duradera. Si eliges mal, se vendrá abajo en cuanto sople el primer viento fuerte del mercado. No tengas prisa. Evalúa con cuidado. Escucha más allá de las palabras. Mira lo que hacen, no solo lo que dicen. Y recuerda siempre que no estás buscando operadores solitarios, estás buscando socios en una misión seria: construir una máquina de trading profesional, estable, y escalable. Esa selección, bien hecha, es el primer paso para que todo lo demás funcione.

Entrenar para Ganar

Entrenar a un trader no es simplemente enseñarle a usar una plataforma ni explicarle cómo funciona un indicador. Entrenar para ganar significa moldear la mente, los hábitos, la visión y la disciplina de una persona para que pueda operar en los mercados con claridad, control y rentabilidad. Es un proceso que va mucho más allá del conocimiento técnico. Implica una transformación profunda que toma tiempo, constancia y mucha paciencia. Un trader institucional exitoso no nace, se construye. Y el entrenamiento es la base de esa construcción.

Cuando decides crear un equipo de trading institucional, tienes que asumir que vas a ser, además de líder, un entrenador. Tendrás que enseñar no solo qué hacer, sino cómo pensar. Y lo primero que debes enseñar es la mentalidad adecuada. La mayoría de las personas que llegan al trading lo hacen con ideas erróneas: creen que se trata de ganar dinero rápido, que todo es cuestión de suerte o de encontrar "la estrategia perfecta". Y no es así. La realidad es que el trading rentable se basa en probabilidades, repeticiones, gestión del riesgo y dominio emocional. Por eso, el primer paso en el entrenamiento debe ser romper todos esos mitos y enseñar la verdad del trading institucional: no se trata de adivinar, se trata de ejecutar bien.

Un entrenamiento efectivo comienza con una estructura clara. No puedes enseñar de manera improvisada. Necesitas un plan de formación dividido en etapas, cada una con objetivos, herramientas y ejercicios. Una buena forma de estructurarlo es por niveles. En el primer nivel, introduces los conceptos básicos: cómo funciona el mercado, qué es una operación, qué tipos de órdenes existen, cómo leer una vela, qué es un stop loss, y cómo funciona la relación riesgo-beneficio. Aquí no buscas que entiendan todo a la perfección, solo que tengan una base sólida.

En el segundo nivel, el enfoque cambia al análisis. Aquí enseñas cómo leer el mercado, cómo identificar patrones, cómo usar indicadores con lógica (sin depender de ellos), y cómo entender el comportamiento del precio. El objetivo de esta etapa es que el trader pueda analizar el mercado sin sentirse perdido. No se trata de predecir el futuro, sino de entender lo que el mercado está mostrando ahora mismo.

En el tercer nivel, pasas a la ejecución. Aquí los traders deben aprender a construir una operación desde cero: cuándo entrar, dónde poner el stop, cómo calcular el tamaño de la posición, cuándo salir. Lo más importante en esta etapa es que sigan un plan. Puedes darles un sistema que funcione y pedirles que lo repitan una y otra vez. Al principio no importa tanto si ganan o pierden, lo importante es que lo hagan bien, con disciplina. Porque si pueden seguir un sistema en demo, lo podrán hacer en real.

Después viene el nivel más difícil: la gestión emocional. Aquí es donde muchos fracasan. Un trader puede saber todo lo técnico, pero si no controla sus emociones, está perdido. Por eso debes entrenarlos para perder con elegancia, para ganar con humildad, para no sobreoperar, para no vengarse del mercado, para no tener miedo cuando la operación va bien. Aquí sirven mucho los ejercicios de revisión emocional, donde el trader anota cómo se sintió en cada operación, qué pensó antes de entrar, y cómo reaccionó ante el resultado. También sirve mucho que tengan sesiones de retroalimentación donde se analicen sus decisiones, no solo sus resultados. Porque ganar dinero no siempre significa haber hecho bien las cosas, y perder tampoco significa haberlo hecho mal.

A lo largo del entrenamiento, algo fundamental es la práctica constante. Un trader se entrena como un deportista. No puede leer un libro y luego pretender ser rentable. Tiene que practicar cada día, repetir operaciones, analizar gráficos, tomar notas, corregir errores. Por eso es útil tener simulaciones, desafíos semanales, y revisiones de desempeño. Puedes asignarles tareas específicas: por ejemplo, "esta semana solo buscarás rupturas de rango" o "esta semana solo operarás con la tendencia". Esto los obliga a enfocarse, a profundizar, a desarrollar habilidades reales.

También es vital enseñar a los traders a pensar en términos de proceso y no de resultados. Muchos se frustran si pierden una operación, aunque la hayan hecho bien. O se emocionan si ganan, aunque fue una operación mal ejecutada. El verdadero entrenamiento consiste en separar la ejecución del resultado. Si lo hicieron bien, aunque perdieron, eso es una victoria. Si ganaron pero lo hicieron mal, eso es una derrota. Enseñar esta forma de pensar es una de las claves del éxito a largo plazo.

Un aspecto que muchas veces se olvida en el entrenamiento es la parte de la documentación. Un trader bien entrenado sabe llevar un diario de trading. Anota cada entrada, cada salida, cada emoción, cada error. Revisa sus estadísticas. Identifica patrones de comportamiento. Este hábito es uno de los más poderosos, porque convierte cada experiencia en una lección. Y ese es el verdadero secreto del crecimiento: aprender de cada sesión.

También es recomendable tener un sistema de retroalimentación grupal. Una vez por semana, puedes hacer una reunión con todo el equipo para revisar operaciones, compartir aprendizajes, discutir errores. No se trata de criticar, sino de aprender juntos. Esto no solo mejora el nivel técnico del grupo, también fortalece la cultura de equipo. Nadie se siente solo. Todos saben que están en un proceso y que pueden contar con el apoyo de los demás.

Entrenar para ganar implica también saber cuándo apretar y cuándo soltar. Algunos traders necesitan más presión para no relajarse. Otros necesitan confianza para no bloquearse. Como líder, tu tarea es conocer a cada miembro de tu equipo y adaptar el entrenamiento a su perfil. Pero siempre con la misma meta: formar traders sólidos, estables, rentables.

Finalmente, un buen entrenamiento nunca termina. Incluso los traders más avanzados deben seguir aprendiendo. El mercado cambia, las condiciones varían, los desafíos emocionales evolucionan. Por eso, mantener una cultura de mejora continua es fundamental. Puedes hacerlo con talleres mensuales, análisis de nuevas estrategias, lectura de libros, invitados especiales, todo lo que mantenga el conocimiento vivo.

Entrenar para ganar no es solo enseñar a operar, es formar mentalidades, construir hábitos, fortalecer la confianza y preparar a cada miembro del equipo para que rinda al máximo cuando esté frente a los mercados. Y cuando logres eso, no solo tendrás traders que ganen dinero. Tendrás una máquina institucional capaz de producir resultados sostenibles, día tras día, sin depender de la suerte ni de impulsos. Eso es entrenar para ganar. Y esa es la base de todo gran imperio de trading.

Cultura de Alto Rendimiento en el Equipo

Crear una cultura de alto rendimiento en un equipo de trading institucional no se trata simplemente de exigir resultados o de imponer presión constante. Va mucho más allá de eso. Se trata de construir un entorno donde todos los miembros del equipo estén comprometidos con la excelencia, donde la disciplina sea parte del día a día y donde cada uno tenga muy claro que el crecimiento individual y colectivo es una prioridad absoluta. Es una cultura basada en valores, en comportamientos, en mentalidad. Y lo más importante: no se impone, se construye con el ejemplo, con la repetición y con el liderazgo correcto.

Un equipo de alto rendimiento no es un grupo de personas talentosas que trabajan juntas. Es un sistema perfectamente coordinado de personas con mentalidad de crecimiento, objetivos claros, rutinas sólidas y compromiso inquebrantable con la mejora constante. Para llegar a eso, lo primero que necesitas es claridad. Tu equipo debe saber exactamente qué se espera de ellos. No puede haber ambigüedades. Cada trader debe entender cuáles son los objetivos del equipo, qué tipo de comportamiento se premia, cuáles son las reglas del juego y cómo se mide el éxito. Esta claridad evita confusión y crea una base sólida para operar con enfoque.

El segundo pilar es la disciplina. Sin disciplina no hay consistencia, y sin consistencia no hay resultados sostenibles. Esto significa llegar a tiempo, cumplir con las rutinas de análisis, seguir el plan de trading sin desviaciones, hacer los repasos diarios, registrar todas las operaciones, revisar errores, cuidar la salud física y mental. Cada detalle cuenta. En un equipo de alto rendimiento, nadie hace lo mínimo. Todos hacen lo que toca, incluso cuando no tienen ganas. Incluso cuando nadie los está mirando. Esa es la verdadera disciplina, y se contagia. Si tú como líder predicas con el ejemplo, tus traders harán lo mismo.

Otro aspecto fundamental es la retroalimentación constante. No puedes construir un equipo de élite si no estás dispuesto a corregir lo que está mal. Pero también debes saber cómo hacerlo. Una buena retroalimentación no humilla, no castiga. Enseña, corrige y mejora. Cada semana, revisa las operaciones del equipo, analiza las decisiones más importantes, detecta errores repetitivos y ofrece soluciones específicas. También celebra lo que está bien hecho. Cuando un trader toma una buena decisión aunque haya perdido, debes reconocerlo. Esto enseña a valorar el proceso por encima del resultado. Y eso, a largo plazo, forma traders fuertes.

Además de corregir errores, también debes premiar el comportamiento correcto. No solo con dinero o bonos, sino con reconocimiento, con crecimiento dentro del equipo, con más responsabilidades. El reconocimiento bien aplicado es un combustible muy poderoso. Hace que los miembros se sientan valorados, que quieran dar más. Por otro lado, cuando hay comportamientos que no se alinean con la cultura del equipo, hay que actuar de inmediato. No puedes permitir actitudes negativas, desorden, irresponsabilidad o egos inflados. La cultura de alto rendimiento no tolera comportamientos mediocres. Si lo haces, estás enviando un mensaje: que aquí se puede rendir por debajo del nivel esperado sin consecuencias. Y eso mata cualquier cultura.

También es clave fomentar el sentido de pertenencia. Las personas rinden más cuando sienten que forman parte de algo importante. Por eso, debes construir un entorno donde el equipo se vea como una familia profesional. Hacer actividades en grupo, compartir logros, establecer símbolos internos, crear rituales. Todo esto fortalece el vínculo entre los miembros y hace que trabajen no solo por ellos mismos, sino también por los demás. Un trader que se siente parte de un equipo sólido no quiere fallar. No quiere decepcionar. Quiere aportar valor y dar lo mejor.

La transparencia es otro factor vital. En un equipo de alto rendimiento no hay secretos ni juegos mentales. Si hay un problema, se habla. Si alguien está rindiendo mal, se analiza con datos. Si hay cambios en la dirección, se explican. Esto genera confianza. Y donde hay confianza, hay apertura. Donde hay apertura, hay mejora. También es importante que todos tengan acceso a las métricas de rendimiento. Que cada trader sepa cómo va, qué está haciendo bien, qué debe corregir, y cómo se compara con los demás, no para competir de forma tóxica, sino para elevar el nivel general.

El aprendizaje continuo también es parte esencial de esta cultura. Los mejores equipos siempre están aprendiendo algo nuevo. No se conforman. Estudian nuevas estrategias, analizan grandes operaciones del pasado, invitan a expertos, leen libros, hacen simulaciones. Esto mantiene la mente activa, el espíritu competitivo sano y la motivación encendida. No puedes permitir que tu equipo entre en zona de confort. Siempre deben estar un paso más allá de lo que ya saben.

Por último, la cultura de alto rendimiento se sostiene con liderazgo. Tú como líder debes ser el primero en dar el ejemplo. Debes mostrar disciplina, autocontrol, enfoque, humildad para aprender y firmeza para tomar decisiones difíciles. Tu comportamiento es el que define los estándares del equipo. Si tú te relajas, ellos también lo harán. Si tú subes el nivel, ellos querrán alcanzarte.

Construir esta cultura no es fácil. Requiere tiempo, constancia y muchas conversaciones. Pero una vez que se establece, se convierte en una ventaja imposible de copiar. Porque mientras otros equipos pelean contra la mediocridad, el tuyo vuela con precisión, con enfoque y con fuerza. Y eso se nota en los resultados, en la mentalidad, en la energía que se respira todos los días.

Una cultura de alto rendimiento no es solo una forma de trabajar. Es una forma de vivir el trading. Y es la única forma de construir algo realmente grande, sólido y duradero en este negocio. Una agencia institucional no se construye con buenas intenciones, se construye con un equipo extraordinario. Y ese equipo solo aparece cuando la cultura es innegociable. Cuando el compromiso se siente en el aire. Cuando cada trader quiere ser el mejor, no por ego, sino por excelencia. Porque sabe que si él crece, el equipo crece. Y si el equipo crece, el imperio se expande.

Roles Clave Dentro del Equipo de Trading

Cuando se forma un equipo de trading institucional serio, no se trata solo de juntar a varios traders y ponerlos a operar. Se trata de estructurar un sistema donde cada persona cumpla un rol específico, tenga claras sus responsabilidades y sepa cómo aportar valor al objetivo común: generar ganancias de manera consistente, escalable y profesional. Un equipo de trading exitoso se parece más a una orquesta que a un grupo de solistas. Cada miembro toca su instrumento, pero todos siguen la misma partitura. La armonía solo se logra cuando cada uno entiende perfectamente qué debe hacer.

El rol más obvio dentro del equipo es el del trader operativo. Este es quien ejecuta operaciones en los mercados, sigue estrategias definidas, analiza gráficos, toma decisiones en tiempo real y gestiona su riesgo con precisión. Pero no todos los traders operan igual. Algunos se especializan en scalping, otros en swing trading, otros en trading algorítmico. Incluso dentro del equipo puede haber traders que solo operan determinados activos, como divisas, futuros, acciones o criptomonedas. Por eso es importante definir claramente las fortalezas de cada uno y alinearlas con una estrategia general. No se trata de que todos operen lo mismo, sino de que cada quien opere lo que domina, dentro de los parámetros del sistema del equipo.

Luego está el estratega de mercado. Esta persona no necesariamente opera a diario, pero es fundamental para el equipo. Se encarga de analizar el contexto económico global, las noticias, los datos macro, los patrones de comportamiento institucional, y con base en todo eso, sugiere ajustes, prepara planes semanales y anticipa escenarios. Su trabajo ayuda a todos a operar con más contexto, a entender por qué el mercado se mueve como se mueve, y a preparar estrategias con mayor respaldo. Este rol también es clave para evitar operaciones impulsivas basadas solo en gráficos, sin entender el trasfondo.

Otro rol esencial es el del gestor de riesgo. Este miembro del equipo no está enfocado en ganar dinero, sino en que el equipo no lo pierda de manera irresponsable. Su trabajo es definir los límites de pérdida por día, semana o mes, controlar la exposición del portafolio, limitar la correlación entre posiciones, y mantener la estabilidad del capital. Es quien dice hasta aquí se puede operar hoy si ya hubo una pérdida grande. Aunque a veces este rol puede generar roces con los traders que quieren seguir operando, su función es vital para la supervivencia y sostenibilidad del equipo. El riesgo bien manejado es lo que mantiene con vida a una firma de trading.

También debe haber alguien que cumpla la función de formador o mentor interno. Este rol se vuelve más importante a medida que el equipo crece. Es quien entrena a los nuevos traders, revisa sus errores, da feedback personalizado y les ayuda a acelerar su curva de aprendizaje. No todos los buenos traders saben enseñar, así que este rol debe recaer en alguien con capacidad pedagógica, paciencia y visión estratégica. Si formas bien a los nuevos, tu equipo no solo crece en número, crece en calidad. Y eso es una ventaja enorme.

En equipos más estructurados aparece también el programador de sistemas o desarrollador de algoritmos. Esta persona no opera directamente, pero construye herramientas para los traders. Desde sistemas automáticos de ejecución, hasta indicadores personalizados, alertas, dashboards, bots de análisis de noticias, backtesters, entre otros. Su trabajo permite que los traders ahorren tiempo, tomen mejores decisiones y aumenten su eficiencia. Un buen equipo de trading institucional siempre tiene a alguien que entienda de código, automatización y tecnología. Es parte del futuro del trading.

El analista de rendimiento también cumple un rol muy importante. Este miembro se encarga de revisar las estadísticas de cada trader, de cada estrategia y del equipo en general. Mide ratios de riesgo-beneficio, tasa de aciertos, drawdowns, duración de operaciones, rendimiento por activos, por días, por horas. Su análisis ayuda a descubrir qué está funcionando y qué no. Gracias a él se pueden tomar decisiones como eliminar una estrategia, ajustar una regla, o duplicar capital en un sistema que está dando buenos resultados. Sin datos, el trading se convierte en una intuición peligrosa. Con datos, se convierte en una ciencia.

El coordinador o director del equipo es quien lleva la visión global. Su trabajo es liderar, tomar decisiones difíciles, resolver conflictos internos, mantener la motivación y alinear a todos con los objetivos. Es quien marca el ritmo, da dirección y se asegura de que cada rol se cumpla correctamente. No necesita ser el mejor trader del grupo, pero sí debe ser el más confiable, el más claro y el más comprometido. Su liderazgo define la cultura del equipo, y eso marca la diferencia entre un grupo que crece y uno que se estanca.

Con el crecimiento, puedes incluir incluso otros roles como el reclutador de talento, el encargado de relaciones con inversores, o el responsable de la academia si decides enseñar a otros. Estos roles no son operativos, pero son claves para escalar el modelo y convertirlo en una agencia institucional que no solo opera capital, sino que forma traders, maneja dinero de terceros, crea productos financieros, y genera ingresos diversificados.

Entender que el trading institucional es un negocio con estructura es lo que te permite escalarlo. Cuando ves a los traders solo como ejecutores de operaciones, pierdes la oportunidad de construir algo grande. Pero cuando entiendes que un equipo bien armado funciona como una máquina donde cada parte es vital, empiezas a diseñar con intención, a contratar con inteligencia, a medir con precisión y a crecer con estrategia. En ese momento dejas de ser un operador individual y te conviertes en un constructor de imperios. Y ese, sin duda, es el paso más ambicioso que puedes dar en el mundo del trading.

Escalar tu Operación

Escalar una operación de trading institucional no es solo ganar más dinero. Es transformar un sistema rentable en una estructura sólida, replicable y capaz de crecer sin perder control ni calidad. Es pasar de ser un equipo que funciona a ser una organización que domina. Escalar significa multiplicar los resultados sin multiplicar los errores, y eso requiere método, claridad y disciplina.

El primer paso para escalar tu operación es tener una base fuerte. No puedes escalar algo que no funciona con consistencia. Si tu equipo tiene resultados inestables, si cada mes es una ruleta, si tus traders aún no tienen procesos sólidos, lo peor que puedes hacer es meter más capital o más gente. Eso solo multiplicará los errores. Escalar no comienza con crecer, comienza con estabilizar. Necesitas comprobar que el sistema que estás usando produce beneficios predecibles, con riesgos controlados y sin depender de la suerte o de la inspiración del día.

Una vez tengas esa base sólida, el siguiente paso es documentar absolutamente todo. Y cuando digo todo, me refiero a estrategias, horarios, patrones, criterios de entrada y salida, gestión del riesgo, rutinas de análisis, procedimientos de corrección de errores, métricas de rendimiento, formatos de reportes. El trading institucional escalable funciona como una franquicia de alta calidad. Cualquier persona que entre al equipo debe poder seguir los pasos y obtener resultados similares si hace las cosas bien. No puedes depender de la memoria, la intuición o el talento individual. Necesitas un manual de operaciones, como si estuvieras montando una fábrica de rendimiento.

Ahora bien, escalar también significa automatizar. Cuanto más puedas delegar en sistemas, más tiempo tendrás para pensar estratégicamente. Esto no quiere decir que dejes de tener humanos operando, pero sí que uses tecnología para apoyar sus decisiones, filtrar oportunidades, generar alertas, ejecutar órdenes rápidas y revisar estadísticas. La automatización permite que tus traders se enfoquen en lo importante y no pierdan tiempo haciendo tareas repetitivas. También reduce errores humanos, lo cual es clave cuando manejas capitales más grandes.

Un punto crucial en la escalabilidad es la gestión del riesgo. No puedes operar con la misma mentalidad cuando manejas 10 mil dólares que cuando manejas 10 millones. A mayor capital, mayor exposición al mercado, y también mayor presión. Debes tener reglas claras sobre cuánto capital se asigna a cada estrategia, cómo se distribuye entre los traders, qué límites diarios o semanales existen, y qué hacer en escenarios de crisis. Escalar sin un control de riesgo ajustado es como construir un edificio alto sobre arena. Tarde o temprano se cae.

Otro aspecto clave es la diversificación. Cuando escalas, necesitas proteger tu operación contra la dependencia de un solo mercado, una sola estrategia o un solo trader estrella. Por eso es recomendable que desarrolles múltiples sistemas de trading, en distintos activos, y con distintos marcos de tiempo. Que tengas traders especializados en diferentes cosas. Que no todo dependa del comportamiento del oro o del euro. Diversificar no solo te protege, también te da más oportunidades de ingreso y mayor estabilidad en los ingresos.

También debes aprender a escalar en talento. El equipo que te llevó al nivel actual no siempre será el mismo que te llevará al siguiente. Eso no significa que debas reemplazar a nadie, sino que debes incorporar perfiles más estratégicos, con mentalidad empresarial, visión a largo plazo y experiencia en manejo de estructuras más grandes. Tal vez necesites un COO que te ayude a gestionar operaciones diarias, o un CFO que ordene tus finanzas internas. Quizás sea el momento de contratar un psicólogo de rendimiento, un programador de alto nivel o alguien experto en compliance legal. Escalar no es solo crecer en traders, es crecer en inteligencia organizacional.

Además, escalar significa atraer capital externo. Muchos equipos llegan a un punto donde quieren gestionar dinero de terceros, ya sea a través de cuentas gestionadas, fondos privados o contratos institucionales. Pero para hacerlo bien, necesitas procesos de auditoría, transparencia total, métricas claras y una marca confiable. Nadie te dará su dinero solo porque eres rentable. Te lo darán porque confían en tu sistema, en tu gente y en tu forma de manejar el riesgo. Por eso, parte del crecimiento también es invertir en tu reputación, tu presentación profesional, tu legalidad y tu estructura administrativa.

En este mismo camino, es común que la operación se divida en departamentos o áreas funcionales. Ya no es solo el equipo de traders. También está el equipo educativo, si decides formar nuevos traders. El equipo de desarrollo tecnológico, si quieres crear herramientas internas. El área comercial, si decides buscar capital externo. El departamento de soporte, para atender a tus propios clientes o inversores. Cada una de estas áreas necesita responsables, procesos, métricas y seguimiento. Es decir, se convierte en una empresa.

Y por supuesto, no puedes escalar sin tener una cultura sólida. Cuando hay pocas personas, la cultura se transmite de forma natural. Pero cuando el equipo crece, cuando hay nuevos ingresos constantemente, necesitas que la cultura esté definida, comunicada y protegida. Que todos entiendan los valores que guían las decisiones, cómo se comporta un trader profesional dentro del equipo, qué actitudes no se toleran y qué principios son sagrados. La cultura es el pegamento que mantiene unida a una operación escalada. Si se pierde, todo lo demás se desordena.

Escalar tu operación no es cuestión de suerte ni de improvisación. Es un proceso consciente, metódico, y muchas veces desafiante. Implica dejar de ser operador para convertirte en constructor. Dejar de mirar solo los gráficos para mirar también los procesos, las personas, los sistemas y los números grandes. Pero si lo haces bien, el potencial es inmenso. No solo tendrás un negocio rentable. Tendrás una firma institucional que puede crecer sin límites, formar a otros, atraer capital global y dejar huella en el mundo del trading. Ese es el verdadero juego. El de los que ya no operan solos, sino que piensan en grande y actúan en consecuencia.

Fundar tu Propia Agencia de Trading

Fundar tu propia agencia de trading es el paso más ambicioso y transformador que puedes dar como trader institucional. Ya no se trata solamente de operar bien o de tener un equipo rentable. Se trata de crear una estructura empresarial capaz de formar nuevos traders, administrar capital externo y construir una marca sólida en el mundo financiero. Este paso requiere una visión más amplia, donde el trading sigue siendo el núcleo, pero la estrategia de negocio, la cultura, la marca y la escalabilidad se convierten en piezas igual de importantes. Ya no piensas como operador, piensas como fundador.

El primer paso para fundar tu agencia es entender qué tipo de agencia quieres construir. Hay muchas formas de enfocarla. Puedes tener una agencia que forme traders desde cero y luego los integre a tu propio fondo interno. Puedes tener una agencia que simplemente capacite personas a cambio de una matrícula o suscripción. Puedes tener una estructura mixta donde educas, operas capital interno y también gestionas cuentas de clientes externos. Puedes enfocarte solo en algoritmos, solo en trading discrecional o combinar ambas líneas. Lo importante es tener claro tu modelo de negocio desde el principio, porque eso va a definir tus decisiones futuras, tu estructura interna y hasta el perfil del equipo que necesitarás.

Una vez definido el modelo, debes ocuparte de la parte legal. Este paso no se puede improvisar. No se trata de abrir una empresa cualquiera, sino de una que va a tocar dinero, inversiones, personas, formación y posiblemente regulación financiera. Lo ideal es que te asesores con abogados que tengan experiencia en fintech, inversiones y estructuras financieras. Necesitarás constituir tu empresa legalmente, registrar tu marca, definir bien tus términos y condiciones, tener contratos formales con traders, con inversionistas si los hay, y con los clientes que participen en tu formación. También deberás cumplir con las regulaciones del país desde el cual operas y, si vas a gestionar fondos de terceros, analizar seriamente si necesitas licencia, regulación, o trabajar bajo alguna figura que te permita hacerlo legalmente.

La infraestructura tecnológica es otro punto crítico. Una agencia de trading no puede trabajar con sistemas caseros ni soluciones improvisadas. Debes tener servidores robustos, plataformas seguras, sistemas de análisis de rendimiento, acceso profesional a datos de mercado, herramientas de backtesting si usas algoritmos, y sistemas de comunicación interna bien definidos. La tecnología es parte esencial del servicio que ofreces. Si no funciona con precisión, si hay caídas, retrasos o errores, se verá afectada tu credibilidad. Esto implica también contar con soporte técnico interno o tercerizado, pero confiable, que pueda actuar de inmediato ante cualquier incidente.

En paralelo, debes diseñar tu estructura operativa. ¿Quiénes son los responsables de cada área? ¿Quién se ocupa del reclutamiento de nuevos traders? ¿Quién capacita? ¿Quién evalúa resultados? ¿Quién gestiona relaciones con inversionistas si decides atraer capital externo? ¿Quién se ocupa del marketing, las redes, el contenido? Fundar una agencia implica que muchas tareas no tienen que ver con operar, pero sí con hacer que la operación funcione.

Necesitarás personas que piensen en organización, procesos, administración y expansión. Eso implica delegar, confiar, estructurar jerarquías funcionales, y tomar decisiones como un verdadero empresario.

Uno de los pilares centrales de tu agencia debe ser la formación. Aquí no se trata de prometer que cualquiera se hará millonario, sino de construir un sistema educativo real, exigente, claro, y con resultados verificables. Puedes crear una academia interna que forme traders desde cero y los pase por distintas fases. Desde la teoría más básica hasta la práctica supervisada en cuentas fondeadas. El objetivo es que puedas replicar talento, estandarizar mentalidades y mantener el control de calidad sobre quién entra al equipo. La formación también es un modelo de negocio en sí mismo, pero solo si se hace bien, con responsabilidad y con ética.

Otro factor vital es la cultura empresarial. Desde el primer día, debes definir los valores de tu agencia, los principios que la guían, la manera en que se toman decisiones y el tipo de personas que quieres atraer. Esto se refleja en todo: desde la forma en que escribes tus correos, hasta cómo respondes a una crisis. Una agencia sin cultura es una agencia desordenada, con rotación constante, sin cohesión ni identidad. Una agencia con cultura fuerte, en cambio, tiene una energía contagiosa, atrae talento de calidad y genera lealtad a largo plazo.

La marca personal o institucional también jugará un papel clave. Fundar una agencia requiere visibilidad. Necesitas presencia en redes, contenido de valor, casos de éxito documentados, opiniones positivas, testimonios reales. Tu nombre y el de tu agencia deben generar confianza. Deben sonar profesionales, seguros, éticos. No hay espacio para promesas vacías ni estrategias agresivas. El mercado está lleno de ruido. Tu agencia debe destacarse por su claridad, su solidez y su honestidad. Para esto puedes construir una estrategia de contenido, conferencias, videos educativos, webinars y toda clase de materiales que te posicionen como un referente en el sector.

Otro punto importante será tu estrategia de financiamiento. Al principio, probablemente trabajes con tu propio capital. Pero a medida que creces, podrías necesitar levantar capital externo, fondear más cuentas, o incluso crear una estructura tipo prop trading. Aquí es donde entra la credibilidad. Si tus resultados son sólidos y tu estructura está bien montada, no será difícil atraer inversores. Pero si hay desorden, falta de transparencia o promesas poco realistas, cerrarás más puertas de las que abrirás. Cada paso que des en este aspecto debe estar documentado, auditado y respaldado por datos.

Finalmente, fundar una agencia es también pensar a largo plazo. No estás creando algo para un mes o un año. Estás construyendo una organización que puede vivir más allá de ti. Una agencia con procesos tan bien hechos que puede crecer con nuevos líderes, nuevos traders y nuevos mercados. Una estructura capaz de resistir las crisis, adaptarse al cambio tecnológico y escalar sin perder su esencia. Este tipo de mentalidad requiere paciencia, visión y compromiso real con la excelencia.

Fundar tu propia agencia de trading es un paso inmenso, pero también una de las experiencias más gratificantes que puede vivir un trader con visión institucional. No solo operas. Construyes. No solo ganas. Dejas un legado. Y lo haces con conocimiento, estructura, personas y propósito. Esa es la diferencia entre un trader más y un verdadero arquitecto del mundo financiero.

Captar y Formar Nuevos Traders para tu Agencia

Captar y formar nuevos traders para tu agencia es una de las tareas más importantes, delicadas y estratégicas que vas a tener como líder de un proyecto institucional. No solo estás buscando personas que quieran aprender, estás buscando talento que pueda convertirse en parte de tu motor de crecimiento. Cada trader que entra a tu agencia representa una inversión de tiempo, energía, dinero y atención. Si eliges bien, puedes construir un equipo rentable, disciplinado y confiable. Si eliges mal, puedes perder recursos valiosos, afectar la moral interna e incluso manchar la reputación de tu agencia. Por eso este proceso debe estar bien pensado, bien estructurado y ejecutado con criterio y visión a largo plazo.

El primer paso es la captación. Y aquí es donde muchas agencias fallan. Algunos creen que atraer personas es solo cuestión de poner anuncios en redes o lanzar campañas de publicidad agresiva. Pero no se trata solo de llamar la atención, se trata de atraer al perfil correcto. Lo que tú buscas no es simplemente cantidad, sino calidad. Personas comprometidas, con mentalidad fuerte, capacidad de aprendizaje, autocontrol emocional y, sobre todo, hambre de crecimiento real. Personas que quieran formar parte de algo más grande que ellos mismos. Para lograr esto, necesitas construir una marca que comunique tu filosofía de forma clara. Tus contenidos, tus publicaciones, tus videos, tus entrevistas, todo lo que hagas debe dejar claro el tipo de agencia que lideras y el tipo de trader que quieres formar. No estás ofreciendo promesas de dinero fácil, estás ofreciendo un camino serio para quienes quieran convertirse en profesionales del trading.

Una vez captas la atención de posibles candidatos, debes tener un proceso de selección inteligente. Puedes usar formularios con preguntas que revelen su forma de pensar, entrevistas para evaluar su visión del trading, tests para entender su perfil psicológico, y dinámicas que te muestren si realmente están dispuestos a pasar por un proceso riguroso de formación. Lo importante es filtrar. No tengas miedo de dejar fuera a quienes no encajan con tu visión. Mientras más afinado esté tu filtro, más sólida será tu base. Esto también eleva el prestigio de tu agencia: cuando la gente sabe que no cualquiera entra, empieza a valorar mucho más lo que ofreces.

Luego viene el proceso de formación, y aquí necesitas tener un sistema. Un verdadero sistema educativo, no solo una serie de videos o clases sueltas. Debes diseñar un camino formativo por etapas, donde cada fase prepare al trader para la siguiente. Puedes dividirlo, por ejemplo, en etapa teórica, etapa práctica en demo, etapa práctica supervisada en real, y finalmente, etapa de integración al equipo operativo. Cada una de estas fases debe tener objetivos claros, métricas de evaluación, ejercicios reales y acompañamiento personalizado. No se trata solo de enseñar técnica, sino también de formar mentalidad, hábitos y control emocional. Un trader institucional no solo necesita saber entrar y salir de una operación. Necesita aprender a mantener la calma, seguir el plan, obedecer reglas y adaptarse a nuevas condiciones de mercado.

Es importante también que la formación esté basada en tus propios modelos de trading. No enseñes mil estrategias diferentes. Enseña las que realmente usas tú y tu equipo. Las que han demostrado funcionar, las que tienen lógica, las que puedes explicar con claridad. Un trader nuevo necesita estructura, necesita un marco de trabajo concreto, no un abanico de teorías contradictorias. Esto no significa limitar su creatividad, significa darle una base sólida sobre la cual construir su estilo con el tiempo.

Otro punto clave en la formación es la práctica. Un trader no se forma solo con teoría. Necesita operar, equivocarse, recibir feedback, volver a intentar. Por eso es buena idea incluir simulaciones en vivo, revisión de trades diarios, sesiones grupales, y mentorías personalizadas. Incluso puedes establecer un sistema de padrinos, donde traders más avanzados acompañen a los nuevos durante su proceso de crecimiento. Esto fortalece la cultura interna y acelera el aprendizaje. También es recomendable que desde el inicio les enseñes a llevar bitácoras, a registrar sus operaciones, a analizar sus errores, y a tener una rutina diaria. Estas son las herramientas que más valor generan a largo plazo.

Durante el proceso de formación, también debes estar observando otros aspectos que no aparecen en las gráficas. Su actitud, su nivel de compromiso, cómo reaccionan ante la frustración, si se quejan o aprenden, si siguen las instrucciones o buscan atajos. Todo eso te dará señales claras de quién tiene potencial y quién no. No todos los que entren llegarán hasta el final, y eso está bien. Tu sistema debe tener filtros en cada etapa. Así te aseguras de que solo los más comprometidos y consistentes lleguen a operar cuentas reales o a formar parte de tu equipo institucional.

Una vez terminada la formación, puedes tomar varias decisiones. Si el trader demostró nivel, puedes ofrecerle operar una cuenta fondeada con capital de la agencia. Puedes integrarlo a un equipo de trabajo. Puedes ofrecerle ser formador de nuevos traders o incluso invitarlo a proyectos de expansión. También puedes abrir la opción de gestionar capital externo si tu agencia lo permite. Lo importante es que los traders que forman parte de tu agencia sientan que hay un camino de crecimiento real. Que no solo fueron entrenados y luego soltados, sino que ahora pertenecen a algo. Esto genera lealtad, motivación y sentido de propósito.

Por último, es importante que sigas formando constantemente a tu equipo, incluso después de integrarlos. El aprendizaje nunca se detiene en el mundo del trading. Siempre hay nuevas herramientas, nuevas condiciones de mercado, nuevas estrategias por pulir. Puedes organizar bootcamps internos, sesiones de actualización, revisiones mensuales de resultados, y entrenamientos intensivos. También puedes invitar a expertos externos o traders con trayectoria para que compartan su experiencia. Todo esto mantiene vivo el espíritu de aprendizaje y evita que la agencia se estanque.

Captar y formar nuevos traders no es una tarea secundaria. Es el corazón de tu agencia. Es el proceso que asegura que tu visión se expanda, que tu equipo crezca, y que tu marca se fortalezca. Hazlo con inteligencia, con seriedad y con pasión. Verás que no hay mayor satisfacción que ver a alguien que comenzó desde cero en tu sistema y terminó convirtiéndose en un trader rentable, profesional y orgulloso de ser parte de tu proyecto. Eso es crear legado. Eso es construir un verdadero imperio de trading institucional.

Monetizar el Talento

Monetizar el talento dentro de una agencia de trading institucional es una de las ideas más poderosas y rentables que puedes aplicar si realmente deseas que tu empresa escale y se convierta en una fuente sólida de ingresos. El talento no solo es valioso por lo que produce en términos de operaciones, sino también por su capacidad de generar nuevas líneas de negocio, inspirar a otros y multiplicar el impacto de tu visión. Un trader talentoso no solo gana dinero con sus propias operaciones, también puede generar ingresos para ti y para la agencia de múltiples maneras si sabes canalizar su potencial de forma inteligente y estructurada.

El primer paso para monetizar el talento es reconocerlo a tiempo. Dentro de tu equipo siempre habrá personas que se destacan. Algunos tendrán un enfoque técnico muy preciso, otros dominarán la psicología del mercado, y otros tendrán un carisma natural que los convierte en buenos líderes o comunicadores. Tu tarea es identificar cuál es el punto fuerte de cada miembro del equipo. No todos deben ser iguales, pero todos deben aportar valor. El error común de muchas agencias es tratar a todos sus traders como piezas intercambiables. Pero si logras ver el talento único en cada uno y le das espacio para crecer, esa persona puede convertirse en una fuente de ingresos adicional, incluso más allá de sus resultados en el mercado.

Una forma directa y clara de monetizar talento es a través del fondeo. Si tienes traders rentables, puedes asignarles cuentas más grandes y quedarte con un porcentaje de sus ganancias. Esto parece simple, pero es extremadamente poderoso. Mientras más talento formes y más cuentas operen bajo tu estructura, más dinero entra a la agencia sin que tú tengas que operar directamente. Estás monetizando la habilidad de otros, pero de forma justa y colaborativa. Ellos ganan, tú ganas, la agencia crece. Este modelo también se puede aplicar con capital externo, donde tú gestionas cuentas de clientes institucionales o fondos privados, y pones a tu mejor talento a cargo de esas operaciones.

Otra vía para monetizar el talento es convertir a tus mejores traders en formadores. No todo buen trader sabe enseñar, pero algunos sí tienen esa capacidad. Puedes ofrecer programas avanzados de formación donde estos traders compartan su método, su experiencia y su forma de pensar con nuevos aspirantes. Estos cursos pueden ser presenciales, virtuales o incluso bajo un modelo de membresía. La clave está en empaquetar el conocimiento real, probado, y convertirlo en un producto formativo rentable. Cuando alguien paga por aprender de un trader que ya está ganando, lo hace con mucha más confianza y disposición. Además, este tipo de formación interna te permite escalar sin perder calidad, porque estás enseñando exactamente lo que ya funciona dentro de tu propia estructura.

También puedes monetizar el talento a través de contenidos. Algunos traders tienen una habilidad natural para comunicar, para hacer videos, para explicar conceptos complejos de forma sencilla. Si identificas a alguien así, puedes apoyarlo a construir una presencia digital que beneficie a la agencia. Pueden crear canales de YouTube, podcasts, artículos, transmisiones en vivo. Todo eso no solo genera autoridad para tu marca, también puede convertirse en un canal de captación de nuevos traders, nuevos inversionistas o nuevos alumnos. Incluso puedes monetizar esos canales directamente a través de publicidad, patrocinios o productos digitales. Un trader talentoso frente a una cámara puede generar tanto dinero como operando en los mercados, si sabes estructurar bien la estrategia.

Otra opción más avanzada es convertir el talento en tecnología. Si tienes traders con habilidades de programación, análisis de datos o automatización, puedes crear modelos algorítmicos basados en sus estrategias. Estos bots o sistemas automáticos pueden venderse, licenciarse o usarse para operar cuentas más grandes sin depender del factor humano. Esto convierte el conocimiento en activos digitales que generan ingresos de forma más escalable. Incluso puedes vender indicadores, herramientas de análisis o plataformas de gestión desarrolladas dentro de tu agencia. Cuando el talento produce algo útil y replicable, tienes una mina de oro entre manos.

Además, puedes explorar alianzas estratégicas. Si tienes traders que son excelentes en ciertos nichos de mercado, como futuros, acciones, forex o criptomonedas, puedes asociarte con brokers, plataformas o fondos que estén interesados en ese tipo de operativa. El talento se convierte entonces en una carta de presentación para conseguir condiciones especiales, comisiones compartidas o proyectos conjuntos. Estas alianzas no solo traen dinero, también te posicionan mejor en el ecosistema financiero. La reputación de tu agencia crece en la medida en que tus traders destacan en distintos ámbitos.

Una idea más es abrir líneas internas de especialización. Por ejemplo, si uno de tus traders se vuelve experto en análisis macroeconómico, puedes ofrecer reportes premium a clientes institucionales. Si otro se especializa en scalping, puede liderar una sala de trading en vivo. Si tienes alguien con habilidades de coaching, puede ofrecer sesiones uno a uno para traders externos. De esta manera, conviertes a cada miembro de tu equipo en una microempresa dentro de la agencia, con productos o servicios que generen ingresos adicionales. Esta visión rompe con el modelo tradicional de tener empleados operando cuentas y nada más. Empiezas a verlos como socios estratégicos, como piezas clave de una estructura más grande.

Por supuesto, todo esto requiere organización, contratos claros, reparto justo de beneficios y una cultura de meritocracia bien definida. No se trata de explotar a tu equipo, sino de ofrecerles oportunidades reales para crecer, ganar más y sentirse parte de algo grande. Mientras más espacio les des para monetizar sus talentos, más comprometidos estarán con el éxito de la agencia. Y lo más interesante es que esto genera un círculo virtuoso: atraes mejor talento, lo desarrollas, lo monetizas, reinviertes en la agencia, creces, y el ciclo se repite a mayor escala.

Monetizar el talento es una habilidad de visión. Es ver más allá de las operaciones diarias y entender que cada trader es un activo en desarrollo. Si sabes cultivar sus habilidades, ofrecerles caminos de crecimiento y conectarlos con oportunidades reales, puedes convertir tu agencia en una máquina de valor. No solo una empresa que gana dinero, sino una estructura que multiplica el impacto del conocimiento, la experiencia y la disciplina. Esa es la esencia del trading institucional inteligente: construir un ecosistema donde el talento fluya, se potencie y genere riqueza para todos los involucrados.

Marketing para Agencias de Trading

El marketing para agencias de trading es uno de los pilares fundamentales si quieres escalar, atraer buenos talentos, conseguir inversionistas y construir una marca respetada en el mundo financiero. Puedes tener el mejor equipo, los mejores resultados y una estrategia sólida, pero si nadie sabe que existes, simplemente no vas a crecer. El marketing no es una opción, es una necesidad si estás construyendo una agencia seria. Y lo más importante, no es solo hacer ruido, sino comunicar autoridad, profesionalismo y resultados reales. Las personas interesadas en el trading no quieren promesas vacías, quieren ver pruebas, transparencia y una identidad clara.

El primer paso para una buena estrategia de marketing es definir tu posicionamiento. ¿Qué tipo de agencia eres? ¿A quién te diriges? ¿Eres una firma que forma traders desde cero o buscas talentos ya formados? ¿Te enfocas en clientes institucionales o en traders minoristas? ¿Eres una marca agresiva y joven, o una firma tradicional y seria? Todo esto importa, porque cada decisión de marketing debe girar en torno a ese posicionamiento. No puedes comunicarte igual con un chico de 20 años que quiere aprender a hacer scalping, que con un fondo de inversión que busca gestión de capital. Por eso, antes de gastar un solo centavo en publicidad o abrir una cuenta en redes sociales, tienes que tener claro qué tipo de agencia eres y qué tipo de cliente ideal quieres atraer.

Luego viene la presencia digital. En la era actual, si no estás en internet, no existes. Tu agencia debe tener una página web profesional, clara, funcional y visualmente atractiva. Nada de páginas con errores, diseños de hace diez años o información vaga. Tu sitio web debe mostrar quién eres, qué haces, qué resultados tienes, cómo se puede trabajar contigo y por qué alguien debería confiar en ti. Incluye testimonios, estadísticas auditadas, perfiles del equipo y llamados a la acción simples. No se trata de tener una enciclopedia en línea, sino de que cualquier persona que llegue entienda en un minuto que está frente a una firma seria y profesional.

Después está el contenido. Aquí es donde realmente puedes destacar y atraer gente de forma orgánica. Si quieres que los traders te encuentren, que los inversionistas te tomen en serio y que otros te recomienden, tienes que compartir conocimiento de valor. Esto puede tomar muchas formas: videos explicativos en YouTube, análisis de mercado en LinkedIn, artículos en tu blog, podcasts, reportes gratuitos o transmisiones en vivo mostrando la operativa del equipo. El contenido debe ser educativo, real y coherente con tu marca. Si tu agencia es técnica y profesional, no publiques memes ni promesas vacías. Si es joven y moderna, no uses lenguaje rígido y distante. El contenido debe educar, atraer y generar confianza.

Un canal que suele funcionar muy bien en este sector es YouTube. Si alguno de tus traders tiene buena presencia frente a cámara, puedes crear una serie de videos donde expliquen análisis, compartan estrategias, respondan preguntas frecuentes o simplemente muestren el día a día dentro de la agencia. Estos videos posicionan muy bien a largo plazo y te permiten conectar con audiencias que luego se convertirán en estudiantes, traders o socios. No necesitas millones de vistas, solo necesitas conectar con las personas correctas. Y si eres constante, esa comunidad irá creciendo poco a poco de forma orgánica.

También debes tener presencia activa en redes sociales, especialmente en aquellas donde se mueve el mundo financiero. LinkedIn es excelente para conectar con profesionales, inversionistas y otros actores clave del ecosistema. Instagram funciona bien para mostrar el lado humano del equipo, los logros, el ambiente de trabajo, los eventos. Twitter (ahora X) es útil para comentarios rápidos de mercado o generar debates. Y TikTok, aunque parece más informal, está atrayendo cada vez más perfiles jóvenes interesados en aprender de inversiones y finanzas. El truco está en adaptar el mensaje a cada red. No publiques lo mismo en todos lados. En LinkedIn habla de resultados y estructura. En Instagram muestra el proceso y el día a día. En TikTok simplifica conceptos complejos de forma creativa. Cada red es una herramienta diferente.

No subestimes tampoco el poder del email marketing. Cuando una persona te deja su correo a cambio de un recurso gratuito, como un ebook, una clase, un reporte o una herramienta, te está dando permiso para hablarle directamente. Aprovecha ese canal para enviar contenido valioso, novedades de la agencia, oportunidades para aplicar a tu equipo o lanzamientos de nuevos productos. El correo sigue siendo una de las formas más efectivas y rentables de convertir audiencia en clientes o colaboradores. Eso sí, no lo uses solo para vender. Usa el email para educar, conectar y construir relación.

Si tienes presupuesto, puedes invertir en publicidad paga. Plataformas como Meta Ads, Google Ads o incluso TikTok Ads pueden ser muy útiles para atraer tráfico calificado a tu web o a una página de captura. Pero no lances campañas sin estrategia. Primero asegúrate de que todo lo demás está bien: tu mensaje, tu marca, tu contenido, tu embudo. La publicidad no soluciona un mal producto, solo lo expone más rápido. Cuando inviertas, hazlo con objetivos claros: captar leads, generar inscripciones, posicionar tu marca. Y mide todo. El marketing digital se puede ajustar y optimizar, pero solo si sabes qué está funcionando y qué no.

Otro aspecto importante es el networking. Tu agencia debe estar presente en eventos, congresos, ferias y encuentros del sector financiero. Asistir a estos espacios te permite conectar con otros profesionales, encontrar alianzas, exponer tu marca y abrir puertas a colaboraciones o fondeos. También puedes organizar tus propios eventos: webinars, bootcamps, clases magistrales, incluso competencias internas de trading. Todo esto construye comunidad y refuerza tu autoridad. Cuando la gente ve que eres activo, que compartes valor y que estás realmente comprometido con la industria, te perciben como alguien confiable y relevante.

Por último, cuida tu reputación. El mundo del trading está lleno de promesas falsas, fraudes y humo. No caigas en ese juego. No necesitas exagerar para vender. Los buenos resultados, el profesionalismo y el tiempo hablan por sí solos. Si prometes cosas imposibles o usas técnicas de marketing manipuladoras, tarde o temprano eso se vuelve en tu contra. Sé transparente, muestra tanto los éxitos como los errores, y mantén siempre una ética clara. Eso te dará algo mucho más valioso que la viralidad: te dará credibilidad.

El marketing para agencias de trading no se trata de parecer grandes, se trata de ser grandes y luego comunicarlo bien. Si tienes una visión clara, un equipo comprometido y una estructura sólida, el marketing será la herramienta que te permitirá escalar, atraer oportunidades y construir una marca que perdure en el tiempo. No lo dejes para después. El marketing es parte del negocio. Es lo que conecta tu trabajo con el mundo. Y si lo haces bien, puede ser la razón por la que tu agencia pase de ser un buen equipo a convertirse en una referencia en la industria.

Crear una Marca Respetada en la Industria

Crear una marca respetada en la industria del trading no ocurre por accidente. No se construye de la noche a la mañana, ni simplemente porque ganes dinero operando. Una marca respetada nace de una combinación de resultados reales, valores sólidos, consistencia en el mensaje y, sobre todo, un profundo respeto por quienes te siguen, te observan o quieren trabajar contigo. Cuando hablamos de marca, no estamos hablando solo de un logo bonito o de un nombre llamativo. Hablamos de lo que otros dicen de ti cuando tú no estás presente. Hablamos de reputación. De confianza. De lo que representas. Y en un mundo como el del trading, donde abundan las promesas vacías y los farsantes, construir esa reputación es un reto... pero también una gran oportunidad.

El primer pilar para construir una marca respetada es la transparencia. Si tu agencia opera con honestidad, muestra resultados reales, reconoce errores y tiene una política clara de comunicación, vas a diferenciarte rápidamente del montón. Muchos en esta industria viven de exageraciones. Inflan sus rendimientos, ocultan sus pérdidas, editan sus estadísticas. Y al principio puede parecer que ganan atención, pero a la larga eso se vuelve en su contra. Una marca que aspira a ser respetada debe elegir el camino difícil: decir la verdad siempre, incluso cuando no conviene. Porque esa honestidad, cuando se mantiene en el tiempo, construye algo mucho más poderoso que un ingreso rápido. Construye credibilidad.

El segundo pilar es la coherencia. Tu marca no puede decir una cosa y hacer otra. Si en tus redes sociales hablas de disciplina, pero luego tu equipo se comporta con arrogancia o falta de ética, estás rompiendo tu propia narrativa. Si predicas sobre educación financiera pero vendes cursos vacíos y promesas de hacerte rico en tres días, tu mensaje se vuelve ruido. La coherencia se refleja en todo: en lo que publicas, en cómo hablas, en cómo tratas a tus clientes, en el ambiente que creas dentro de tu agencia y hasta en cómo tomas decisiones difíciles. Una marca respetada es coherente porque la gente necesita saber que puede confiar en lo que representa, no solo en lo que promete.

El tercer pilar es la calidad. Todo lo que salga de tu agencia, ya sea un curso, un video, una presentación, un webinar o una mentoría, debe estar bien hecho. No es necesario que sea perfecto, pero sí profesional. Cuidar los detalles comunica respeto por la audiencia. Si subes contenido, que esté bien editado. Si haces eventos, que estén bien organizados. Si das una clase, que esté bien estructurada. No subestimes lo que la calidad transmite. Una marca que cuida lo que ofrece demuestra que valora a quienes lo reciben. La mediocridad es el peor enemigo del respeto. Y en una industria tan competitiva, la calidad es un diferenciador poderoso.

Otro factor crucial es el impacto. Las marcas que son realmente respetadas en la industria no solo ganan dinero, sino que generan valor para los demás. Enseñan, inspiran, elevan la conversación. Forman nuevos traders, mejoran el nivel del ecosistema, crean oportunidades para otros. Si tu agencia se convierte en un espacio donde la gente mejora, crece, encuentra dirección y gana herramientas reales, inevitablemente ganarás respeto. Una marca poderosa no es aquella que se impone, sino la que se vuelve necesaria. Y para ser necesaria, tienes que aportar algo que transforme positivamente la vida o el trabajo de quienes te rodean.

La consistencia a largo plazo también es clave. Puedes tener una gran campaña, un video viral o un mes increíble, pero si eso no se mantiene, tu marca se desinfla. Lo que realmente construye una reputación fuerte es la repetición constante de buenas decisiones, buen contenido, buenos resultados y buen trato. La gente no recuerda lo que hiciste una vez, sino lo que haces siempre. Por eso, construir una marca respetada no es una carrera corta, es una maratón. Cada acción suma. Cada palabra cuenta. Cada interacción deja una huella. Y mientras más tiempo pases haciendo las cosas bien, más sólida será esa huella.

También es importante definir una identidad clara. ¿Cuál es tu voz como marca? ¿Eres técnico y serio? ¿Cercano y educativo? ¿Disruptivo e innovador? Sea cual sea tu estilo, debe ser auténtico. Las marcas más respetadas no copian a otras, se construyen desde adentro. Si tú y tu equipo tienen una personalidad propia, si hablan desde la experiencia, si se comunican con verdad y pasión, eso se siente. La gente no conecta con lo genérico, conecta con lo genuino. Y cuando tu identidad es clara, empiezas a atraer naturalmente a las personas correctas: clientes que valoran tu enfoque, traders que comparten tu visión, inversores que confían en tu criterio.

Un aspecto muy ignorado pero extremadamente importante es cómo manejas los conflictos. Tarde o temprano, tendrás una queja, una crítica, un error público o una situación incómoda. La forma en la que respondes ante eso define mucho de tu marca. Si te escondes, atacas o niegas responsabilidades, pierdes credibilidad. Pero si afrontas con humildad, das explicaciones claras y tomas acciones correctivas, tu reputación crece. Las marcas verdaderamente respetadas no son las que nunca fallan, sino las que saben recuperarse con clase y responsabilidad. El respeto se gana especialmente en los momentos difíciles.

Además, si realmente quieres consolidarte, rodearte de otras marcas respetadas es una gran estrategia. Las alianzas, colaboraciones y asociaciones con personas o empresas con buena reputación te elevan automáticamente. No se trata de usar a otros como escaleras, sino de sumar fuerzas, compartir visión y construir juntos. Si tú eres serio, vas a atraer gente seria. Y esa red de calidad, con el tiempo, se convierte en un ecosistema propio donde la confianza fluye, los proyectos se multiplican y el respeto se refuerza.

Finalmente, recuerda que la marca no es solo externa, también es interna. Lo que tu equipo dice de ti, cómo se siente trabajando contigo, cómo hablan de la agencia cuando no están en la oficina, todo eso también es parte de tu marca. Si quieres ser respetado por el mercado, empieza siendo respetado por tu gente. Crea un entorno donde los valores se vivan, donde haya oportunidades reales de crecer, donde el trato sea justo y las decisiones coherentes. La cultura interna es el reflejo más auténtico de una marca. Y si esa cultura es sólida, todo lo demás se construye sobre una base firme.

Crear una marca respetada en la industria del trading es una misión constante. No se compra, no se copia, no se finge. Se construye con cada decisión, cada palabra, cada acción. Y si lo haces bien, no solo atraerás clientes o traders, atraerás algo más importante: admiración. Porque una marca que se gana el respeto no solo sobrevive en el tiempo, sino que se convierte en referencia. Y cuando tu agencia sea vista como ejemplo, sabrás que hiciste algo mucho más grande que ganar dinero. Habrás dejado huella.

Automatización y Tecnología para Escalar sin Límites

En el mundo del trading institucional, llega un momento en el que ya no puedes hacer todo tú solo. Ni siquiera un equipo pequeño puede abarcar todo cuando el volumen de operaciones, la cantidad de traders, las tareas administrativas y las demandas de crecimiento se multiplican. Es ahí donde la automatización y la tecnología se convierten en tus mejores aliados. No estamos hablando de un lujo ni de una moda, estamos hablando de una necesidad real si tu meta es escalar sin límites. La automatización es lo que te permite hacer más con menos esfuerzo, reducir errores humanos, tomar decisiones más rápidas y liberar tiempo valioso que puedes usar en pensar estratégicamente en lugar de apagar incendios diarios.

Vamos por partes. Lo primero que debes entender es que automatizar no es lo mismo que volverte un robot. Tampoco significa dejar que las máquinas controlen todo. Automatizar es simplemente construir sistemas inteligentes que se encargan de tareas repetitivas, técnicas o de bajo valor emocional, para que tú y tu equipo puedan concentrarse en lo importante: analizar, decidir, liderar y crecer. En una agencia de trading, hay muchas áreas que pueden ser automatizadas de forma efectiva. Por ejemplo, la entrada y salida de operaciones con base en parámetros definidos, la gestión del riesgo por cuenta o por trader, la verificación de cumplimiento con ciertas reglas internas, la distribución de reportes y el seguimiento de métricas de rendimiento.

Uno de los pasos más importantes es invertir en una infraestructura tecnológica sólida desde el principio. Esto incluye servidores seguros, conexiones rápidas, software de gestión y plataformas de trading avanzadas. Pero no solo se trata de comprar tecnología, se trata de usarla de forma estratégica. Si tienes un sistema que puede detectar patrones de comportamiento entre tus traders, entonces puedes ver quién está arriesgando más de lo permitido o quién está repitiendo errores. Si integras dashboards automáticos que se actualizan en tiempo real, puedes tomar decisiones de dirección más rápido. Y si desarrollas herramientas propias, puedes ofrecer servicios únicos y personalizados que te diferencien de otras agencias.

La tecnología también te permite escalar sin perder el control. Puedes tener cien traders operando al mismo tiempo en distintas partes del mundo, y aún así tener un sistema central que supervise todo. Esto es imposible si dependes solo de humanos. La automatización te da ojos en todas partes, te alerta ante desviaciones, y hasta puede frenar operaciones que pongan en riesgo el capital antes de que se conviertan en pérdidas grandes. Imagina tener un sistema que, apenas detecta que un trader sobrepasó su límite diario de pérdida, cierra automáticamente sus posiciones y lo bloquea por ese día. Eso no solo protege tu dinero, sino que te da tranquilidad como líder de la operación.

Otra parte importante de la automatización es la formación. Puedes usar tecnología para enseñar de forma más efectiva y sin consumir todo tu tiempo. Plataformas de e-learning, clases pregrabadas, simuladores de mercado, retroalimentación automatizada y quizzes interactivos son herramientas que puedes usar para formar a nuevos traders mientras tú te enfocas en expandir la operación. Incluso puedes crear un sistema que evalúe el progreso de cada trader y lo clasifique según su nivel, para asignarle un mentor o un tipo de estrategia de acuerdo con sus fortalezas y debilidades. Así tu proceso de formación se vuelve más preciso, más eficiente y, lo más importante, más escalable.

El siguiente paso lógico en este camino es desarrollar algoritmos. Cuando hablo de algoritmos, no me refiero necesariamente a robots de trading que operen por ti de forma completamente autónoma. Me refiero a sistemas semi-automatizados que ayudan a tus traders a tomar mejores decisiones. Por ejemplo, alertas que se activan cuando se cumplen ciertas condiciones del mercado, herramientas que analizan en segundos lo que a un humano le tomaría horas, o modelos que sugieren posibles entradas según patrones históricos. Estos sistemas pueden ser desarrollados por tu equipo interno o por programadores externos bajo tu supervisión. Lo importante es que respondan a una necesidad real y se integren bien con tu modelo de negocio.

Una de las ventajas más grandes de la automatización es que reduce los errores emocionales. Los humanos cometemos errores por cansancio, por ansiedad o simplemente por distracción. Los sistemas automatizados, en cambio, hacen exactamente lo que se les programó, sin estrés ni dudas. Eso te da consistencia, algo muy valioso cuando manejas grandes volúmenes. También permite estandarizar la experiencia para todos tus traders. Si todos operan con el mismo tipo de asistencia tecnológica, los resultados se vuelven más predecibles, más fáciles de analizar y más simples de escalar.

Pero claro, no todo es color de rosa. Automatizar requiere inversión. Tiempo, dinero y conocimientos. También necesitas seguridad, porque cualquier brecha tecnológica puede ser costosa. Por eso, desde el principio, debes trabajar con programadores de confianza, proveedores reconocidos y sistemas con respaldo técnico. No te lances a automatizar por automatizar. Empieza por lo más simple y lo que más impacto tiene. Luego vas subiendo el nivel. La clave está en identificar primero qué tareas te quitan tiempo, cuáles son repetitivas, y cuáles podrían ser hechas mejor por una máquina. Y sobre eso, construir soluciones específicas, no genéricas.

Un error común es pensar que la automatización quita el toque humano. Nada más lejos de la realidad. Automatizar bien te da más espacio para ser humano. Para liderar, para conversar con tus traders, para inspirar a tu equipo. Dejas que la tecnología haga el trabajo duro, para que tú te concentres en lo que ninguna máquina puede hacer: crear visión, tomar decisiones estratégicas, motivar a las personas y construir relaciones duraderas. Cuanto más automatices, más tiempo tienes para pensar en grande.

Además, la tecnología te permite internacionalizar tu operación. Puedes trabajar con personas de cualquier parte del mundo sin importar la zona horaria. Tus plataformas pueden funcionar en distintos idiomas. Puedes usar herramientas de comunicación como Slack, Discord o Zoom para mantener a todo el equipo conectado.

Puedes recibir postulaciones, hacer entrevistas, capacitar nuevos traders y supervisar operaciones, todo desde una oficina virtual. Y cuando tu operación se vuelve digital, también se vuelve escalable sin fronteras.

Por último, recuerda que la tecnología avanza cada día. Lo que hoy es moderno, mañana será básico. Así que tu agencia debe mantenerse en constante evolución. Revisa periódicamente qué puedes mejorar, qué se puede automatizar, qué nuevas herramientas han salido al mercado. Asiste a conferencias tecnológicas, habla con otros líderes, invierte en innovación. Porque si te quedas quieto, la tecnología no te espera. Pero si la usas bien, se convierte en tu ventaja más poderosa.

Escalar sin límites no es una fantasía. Es una realidad que ya está ocurriendo. Y está ocurriendo gracias a la automatización y a la tecnología. Tú decides si quieres ser de los que observan cómo otros crecen exponencialmente, o de los que lideran esa transformación. En un negocio donde el tiempo vale oro y los errores cuestan miles, automatizar es más que una buena idea. Es el camino más inteligente hacia la libertad operativa y el crecimiento sostenido.

Tu Legado como Líder del Trading Institucional

Llegar a ser líder dentro del mundo del trading institucional es un camino que exige visión, trabajo incansable, disciplina y una mentalidad diferente. Pero cuando finalmente llegas, hay algo que empieza a pesar más que el dinero, más que los números o los logros personales. Se trata del legado que vas a dejar. Porque todo lo que construyas, todo lo que formes, todo lo que enseñes, todo lo que inspires en otros, es lo que verdaderamente trasciende. El legado no se mide en cuentas bancarias, sino en la huella que dejas en las personas, en la industria y en las generaciones de traders que vendrán después de ti.

Muchos líderes en el mundo del trading se enfocan únicamente en ganar dinero, y no está mal, porque es parte del juego. Pero los verdaderos líderes miran más allá. Quieren construir algo que perdure, algo que continúe creciendo aun cuando ellos ya no estén sentados frente a las pantallas. Y para eso, es fundamental cambiar la manera en la que ves tu papel dentro de tu agencia, dentro del mercado y dentro del ecosistema del trading profesional.

Dejar un legado empieza por la gente. Las personas que formaste, que guiaste, que inspiraste. El trader al que le diste su primera oportunidad. El analista que empezó de cero contigo y terminó liderando equipos. El joven inseguro que se convirtió en un operador disciplinado gracias a tu confianza y tus enseñanzas. El verdadero legado se construye en cada conversación en la que ofreciste dirección, en cada error que corregiste con paciencia, en cada ejemplo que diste con tu propia conducta. Porque tus acciones diarias, aunque no te des cuenta, son las que marcan el estándar para los demás.

Tu legado también se construye con tu visión. Las reglas, los valores, los principios con los que decidiste operar tu agencia. Si elegiste la transparencia sobre la codicia. Si priorizaste la educación en lugar de la especulación vacía. Si formaste una cultura de disciplina, responsabilidad y mejora constante, eso es lo que los demás van a recordar y lo que va a influir en las decisiones que otros tomen cuando les toque liderar. Porque los líderes inspiran con lo que hacen más que con lo que dicen. Y si tus valores fueron sólidos, probablemente los valores de tu equipo también lo serán, incluso muchos años después de que te hayas retirado o cambiado de rol.

Otra forma de dejar un legado es profesionalizando el oficio. El trading institucional todavía tiene mucho por madurar en varios países. Aún hay mucho mito, mucha informalidad, mucha confusión. Si tú construyes una agencia seria, con procesos claros, con respeto por la regulación, con formación sólida y resultados auditables, estás elevando el estándar de toda la industria. Y eso no solo te posiciona como un referente, sino que abre puertas a otros. Ayudas a que más personas tomen el trading como una carrera de verdad, no como un experimento pasajero. Y esa evolución que logras provocar a tu alrededor es parte esencial de tu legado.

Tampoco podemos ignorar que el legado se construye con la información que compartes. Muchos líderes se guardan lo que saben por miedo a que otros los superen. Pero los verdaderos líderes enseñan sin miedo. No se reservan nada.

Entienden que el conocimiento solo vale si se transmite. Cuando formas traders que luego superan tus resultados, cuando tu método se convierte en base para otras agencias, cuando tus enseñanzas terminan mejorando la vida de personas que ni siquiera conoces, es ahí cuando sabes que estás construyendo algo grande. No importa si escribes libros, das conferencias o simplemente formas a tu equipo día a día con disciplina y claridad. Todo cuenta.

Hay un punto muy importante que también define tu legado: cómo manejaste los momentos difíciles. Porque todo equipo, toda agencia, todo líder, pasa por etapas oscuras. Pérdidas, errores, traiciones, crisis. Pero lo que determina tu legado no es evitar esos momentos, sino cómo los enfrentaste. Si actuaste con calma, con honestidad, con responsabilidad. Si cuidaste a tu gente en lugar de echarles la culpa. Si reconstruiste con inteligencia en vez de rendirte. Todo eso deja una marca profunda en quienes te siguen. Y los que estuvieron ahí contigo no lo olvidarán.

Ahora bien, cuando hablamos de legado, también estamos hablando de sostenibilidad. No solo de lo que logras hoy, sino de lo que va a continuar funcionando cuando tú ya no estés liderando. Por eso, un legado real implica crear sistemas que funcionen sin ti. Formar líderes dentro de tu agencia. Crear procesos documentados. Desarrollar una cultura autónoma, donde los valores se mantengan incluso si tú estás en silencio. Si tu equipo solo funciona bien cuando tú estás encima, entonces no tienes un legado, tienes una dependencia. Pero si tu equipo sigue creciendo, sigue operando, sigue mejorando sin necesidad de tu supervisión constante, entonces sí has construido algo que puede durar por décadas.

Un legado también se proyecta hacia afuera. Si tu agencia ayuda a la comunidad, si patrocina programas de formación para jóvenes con talento, si apoya iniciativas de inclusión financiera o crea contenido gratuito de calidad, estás dejando una huella mucho más allá del trading. Estás usando tu éxito para mejorar el entorno. Estás aportando a una economía más justa, más profesional, más accesible. Eso es liderazgo de verdad. Eso es legado.

Finalmente, tu legado es personal. No tiene que ser gigantesco para ser valioso. Tal vez no fundes la agencia más grande del mundo, pero si cambiaste la vida de un puñado de traders, si creaste un ambiente de trabajo digno y respetuoso, si enseñaste con pasión, si viviste tus principios hasta el último día, entonces tu legado es real, profundo y poderoso. Porque al final, todo líder se va. La pregunta es qué queda cuando tú te vas. Qué ideas, qué costumbres, qué cultura, qué recuerdos y qué inspiración permanece.

Ese es tu legado. Y lo estás escribiendo todos los días, te des cuenta o no. Cada decisión, cada palabra, cada acción suma o resta. Así que el mejor momento para empezar a construirlo con intención es ahora. Liderar en el trading institucional es un privilegio. Pero dejar un legado es un honor. Un regalo que le das al mundo y que nadie te puede quitar.

www.ingramcontent.com/pod-product-compliance
Lightning Source LLC
LaVergne TN
LVHW040447051026
849517LV00002B/788
* 9 7 9 8 2 3 1 9 1 0 1 8 2 *